이야기로 쏙쏙 한글 익히기 1

듣기 · 읽기 · 쓰기를 한 권에

이야기로 쏙쏙
한글 익히기 1

머리말

문일지십(聞一知十). '하나를 가르치면 열을 안다'는 뜻의 사자성어입니다. 아이를 기르는 분이라면 내 아이가 이렇듯 총명하기를 바랄 것입니다. 그렇다면 우리는 그 처음이 되는 '하나'에 집중하여야 합니다. 첫 단추를 잘 끼워야 한다는 말처럼, 기초가 되는 처음 학습이 재미있고 백 번 이해되고 저장되는 경험으로 남아야 합니다. 이것을 국어의 교육적 측면으로 본다면 '한글 학습'이 바로 그 시작이라고 할 수 있습니다.

《이야기로 쏙쏙 한글 익히기》의 한글 학습은 '올바르게 듣고, 즐겁게 읽고, 정직하게 쓰기'를 목표로 합니다. 올바르게 듣기는 아이의 귀를 열어주는 활동입니다. 음소 문자인 한글의 소리 정보를 입력해 주는 것입니다. 즐겁게 읽기는 능동적인 읽기를 의미합니다. 스스로 또박또박 한 글자, 한 단어, 한 문장을 정성껏 읽는 것입니다. 정직하게 쓰기는 이해의 과정입니다. 대충 아는 것 같다는 느낌에 안주하지 않고 참으로 이해했는지 살피면서 글을 따라 쓰는 것입니다.

국어 실력은 유아기부터 차곡차곡 쌓아 올려야 합니다. 태어나 모국어를 배우는 순간부터 아이들은 이미 준비되어 있습니다. 우리 모국어 한글은 신비하면서도 과학적인 문자입니다. 한글에는 상형, 가획, 합성의 체계적인 원리가 들어 있습니다. 자음과 모음의 결합은 신비롭습니다. 자음은 자녀를 뜻합니다. 부모를 뜻하는 모음이 없이는 저 혼자 소리를 낼 수 없습니다. 이처럼 부모님과 아이가 함께 이 책을 반복하여 활용한다면 아이들은 기특하고 훌륭하게 '한글'이라는 국어의 주춧돌을 놓을 수 있습니다.

이 책은 모두 네 편의 귀여운 이야기 안에 언어의 아름다움을 담았습니다. 매일 반복되는 감사한 하루, 때를 따라 변화하는 소중한 자연, 어디서나 만날 수 있는 친숙한 고양이와 강아지. 우리 아이들이 익숙한 것들을 돌아보며 경탄해 마지않기를 바라는 마음으로 집필하였습니다. 한 번 보고 끝나 버리는 것이 아니라 듣고 읽고 쓰면서 매 순간마다 새로운 장면을 떠올리고 새로운 감정을 가질 수 있을 것입니다. 그리하여 비로소 읽기의 기쁨을 온전히 맛볼 수 있다면 좋겠습니다.

　다양한 배움의 경험을 제공하는 《이야기로 쏙쏙 한글 익히기》를 통하여 즐겁고 확실하게 한글 실력을 다질 수 있습니다. 먼저 듣고 읽는 처음 단계에서는 자음과 모음, 받침의 단계적인 학습으로 자연스럽게 음운의 결합 개념을 배웁니다. 따듯한 그림과 함께 전개되는 이야기를 통해 기승전결 구조와 내용을 이해하도록 합니다. 다음, 간단하지만 핵심적인 문제들을 풀면서 아이가 깨달아 아는 단계까지 나아갑니다. 마지막 본문 따라 쓰기와 단어 바꿔 쓰기 활동으로 아이의 읽기 경험을 확장합니다. 이제 듣기, 읽기, 쓰기가 한 권에 담긴 《이야기로 쏙쏙 한글 익히기》와 함께 우리 아이들의 '문일지십' 문을 활짝 열어 주세요!

저자 이 슬

이렇게 활용하세요

첫째 날

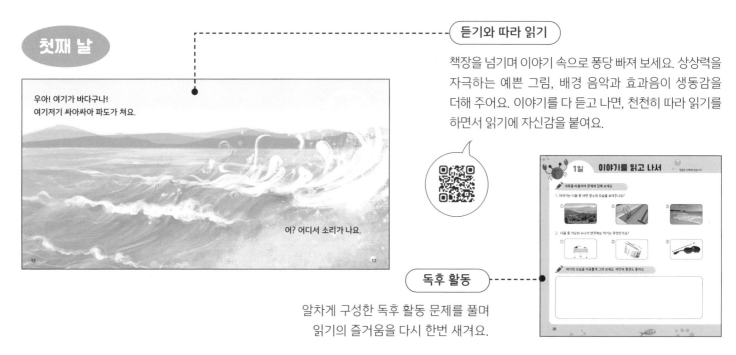

듣기와 따라 읽기

책장을 넘기며 이야기 속으로 퐁당 빠져 보세요. 상상력을 자극하는 예쁜 그림, 배경 음악과 효과음이 생동감을 더해 주어요. 이야기를 다 듣고 나면, 천천히 따라 읽기를 하면서 읽기에 자신감을 붙여요.

독후 활동

알차게 구성한 독후 활동 문제를 풀며
읽기의 즐거움을 다시 한번 새겨요.

둘째 날

이야기 듣기

첫째 날처럼 이야기를 들으며 시작해요. 다 듣고 나면, 오늘은
나만의 느낌과 속도로 전체 이야기를 혼자 읽어 보아요.

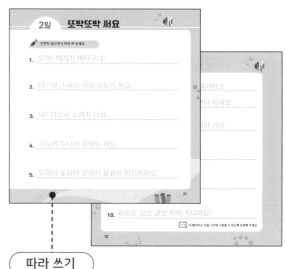

따라 쓰기

페이지를 뜯어내 열 문장*으로 구성된 이야기를 천천히
읽으면서 또박또박 따라 써요.

*의성어 및 의태어, 감탄사는 문장 수에서 제외하였습니다.

셋째 날

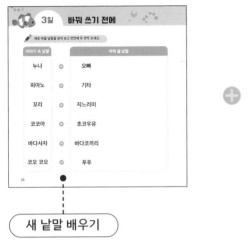

새 낱말 배우기

이야기를 바꿔 쓸 때 필요한 새 낱말을 먼저 익혀요.

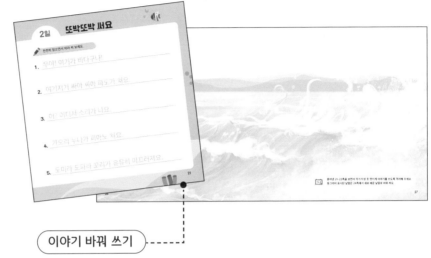

이야기 바꿔 쓰기

전날 따라 쓴 페이지와 새 낱말 페이지를 뜯어내 참고하면서 이야기를
바꿔 써요.

*학습 정도에 따라 새 낱말 페이지는 보지 않고 받아쓰기처럼 불러 주며 받아 적게 하거나
알고 있는 낱말로 자유롭게 교체하여 쓰도록 할 수 있습니다.

복습

다지기

두 이야기에 등장한
낱말을 모아 공통된
글자 또는 받침을 쓰고
고르며 복습해요.
다 쓰고 나서 큰
소리로 읽어 보세요.

넓히기

이야기에 나온 글자에서 자모음을
바꾸거나 받침을 추가 또는 변경해
새로운 글자를 쓰고 읽어요. 이렇게
새로 배운 글자와 이미 배운 글자를
조합하면 새로운 단어도 척척 쓸 수
있지요!

차례

1부
받침 없는 글 읽고 쓰기

2부

받침 있는 글 읽고 쓰기

1, 2권의 자모음 구성

● 1권은 받침 없는 글 다음 홑받침이 있는 글 순서로 구성했어요. 모음도 단계를 구분 지어 배워요. 2권에서는 복잡한 모음과 겹받침 읽고 쓰기를 배워요.

1권 자음	1권 모음	
	1부 받침 없는 글	2부 받침 있는 글
ㄱ ㄴ ㄷ ㄹ ㅁ ㅂ ㅅ ㅇ ㅈ ㅊ ㅋ ㅌ ㅍ ㅎ ㄲ ㄸ ㅃ ㅆ ㅉ	ㅏ ㅑ ㅓ ㅕ ㅗ ㅛ ㅜ ㅠ ㅡ ㅣ	1부 모음 + ㅢ ㅐ ㅔ
2권 자음(겹받침)	2권 모음	
ㄲ ㄳ ㄶ ㄺ ㄻ ㄼ ㄾ ㅀ ㅄ ㅆ	1권 모음 + ㅘ ㅚ ㅙ ㅝ ㅟ ㅞ ㅒ ㅖ	

한글 쓰기

 받침 없는 글자 쓰기

● 자음을 먼저 쓰고 모음을 써요. 모음은 자음 옆에 쓰는 것이 있고, 자음 아래에 쓰는 것이 있어요.

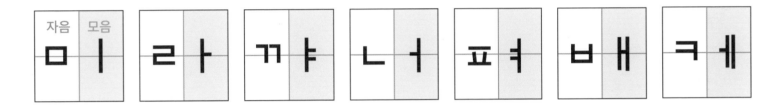

ㅣ ㅏ ㅑ ㅓ ㅕ ㅐ ㅔ 는 자음 옆에 써요.

| 자음 모음 미 | 라 | 꺄 | 너 | 펴 | 배 | 케 |

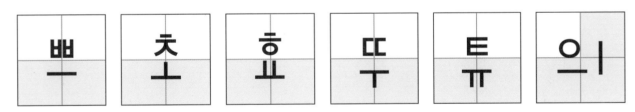

ㅡ ㅗ ㅛ ㅜ ㅠ 는 자음 아래에 써요. ㅢ 는 아래와 옆을 모두 이용해요.

| 쁘 | 초 | 효 | 뚜 | 튜 | 의 |

 받침 있는 글자 쓰기

● 자음을 먼저 쓰고 모음을 써요. 받침은 아래 칸에 써요.

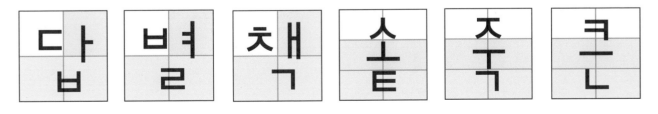

| 답 | 별 | 책 | 숱 | 죽 | 큰 |

1부

받침 없는 글 읽고 쓰기

한 장 넘기면
이야기가 펼쳐져요

~ 이야기 1 ~

바다의 하루

1일:

이야기를 듣고 따라 읽기 연습을 해요. ☐

이야기의 내용을 잘 이해했는지 알아보아요. ☐

2일:

이야기를 듣고 소리 내어 혼자 읽어요. ☐

천천히 읽으면서 한 문장씩 따라 써요. ☐

3일:

새로운 낱말을 배우고 써 보아요. ☐

새로 배운 낱말을 넣어 이야기를 바꿔 써요. ☐

우아! 여기가 바다구나!
여기저기 싸아 싸아 파도가 쳐요.

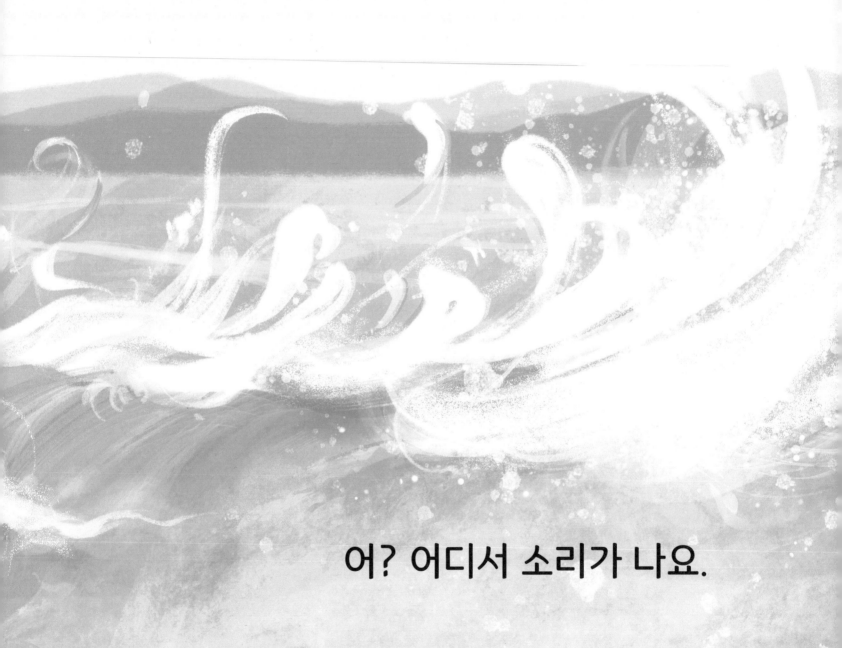

어? 어디서 소리가 나요.

가오리 누나가 피아노 쳐요.

도미라 도파라

꼬리가 유유히 미끄러져요.

16

소라, 가리비가 하하 호호 이야기하고
꼬마 오리너구리가 후후 코코아 마셔요.

아기 바다사자가 뽀뽀하고 자러 가요.

또 하루가 지나가요.
바다가 고요하다고요?
파도도 코오 코오 자러 가니까요!

이야기를 읽고 나서

정답은 23쪽에 있습니다.

 내용을 떠올리며 문제에 답해 보세요.

1. 이야기는 다음 중 어떤 장소의 모습을 보여주나요?

①  ② 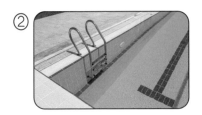 ③

2. 다음 중 가오리 누나가 연주하는 악기는 무엇인가요?

①  ②  ③

 바다의 모습을 자유롭게 그려 보세요. 바닷속 풍경도 좋아요.

2일 또박또박 써요

 천천히 읽으면서 따라 써 보세요.

1. 우아! 여기가 바다구나!

2. 여기저기 싸아 싸아 파도가 쳐요.

3. 어? 어디서 소리가 나요.

4. 가오리 누나가 피아노 쳐요.

5. 도미라 도파라 꼬리가 유유히 미끄러져요.

6. 소라, 가리비가 하하 호호 이야기하고

꼬마 오리너구리가 후후 코코아 마셔요.

7. 아기 바다사자가 뽀뽀하고 자러 가요.

8. 또 하루가 지나가요.

9. 바다가 고요하다고요?

10. 파도도 코오 코오 자러 가니까요!

1일 문제 정답: 1. ③ 2. ①

뒷면의 '이야기 속 낱말' 6개를 21~22쪽에서 찾아 동그라미해 주세요.

바꿔 쓰기 전에

 새로 바꿀 낱말을 읽어 보고 빈칸에 두 번씩 쓰세요.

이야기 속 낱말		바꿔 쓸 낱말
누나	➡	오빠
피아노	➡	기타
꼬리	➡	지느러미
코코아	➡	초코우유
바다사자	➡	바다코끼리
코오 코오	➡	푸푸

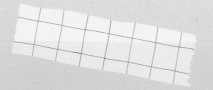

바다의 하루

_____ (이)가 바꿔 쓰는 이야기예요.

뜯어낸 21-22쪽을 보면서 작가가 된 듯 멋지게 이야기를 쓰도록 격려해 주세요.
동그라미 표시된 낱말은 24쪽에서 새로 배운 낱말로 바꿔 써요.

1부

받침 없는 글 읽고 쓰기

한 장 넘기면
이야기가 펼쳐져요

∽ 이야기 2 ∽
비 오는 날

4일:

이야기를 듣고 따라 읽기 연습을 해요. ☐

이야기의 내용을 잘 이해했는지 알아보아요. ☐

5일:

이야기를 듣고 소리 내어 혼자 읽어요. ☐

천천히 읽으면서 한 문장씩 따라 써요. ☐

6일:

새로운 낱말을 배우고 써 보아요. ☐

새로 배운 낱말을 넣어 이야기를 바꿔 써요. ☐

토도도 비가 오려나?
후두두 소나기야!

어서어서 피하자.
아이고, 어디로 가야 하지?

거미가 오르고 또 오르고,
나비도 포르르 사라져요.

여우가 나무로 가까이 더 가까이,
오리도 이리저리 바빠요.

이구아나가 스르르 기어가고,
도토리가 또르르 구르며 이사 가요.

어라?
그사이 소나기가 그쳐요.

토끼가 쪼르르 나오고 나니
여기서 우리도, 저기서 우리도!

모두 다시 모여
라라라 파티하자.

내용을 떠올리며 문제에 답해 보세요.

1. 이야기 속에서 처음 날씨는 다음 중 어떠했나요?

①    ②    ③

2. 다음 중 소나기가 그치고 제일 먼저 나온 동물은 누구인가요?

①    ②    ③

 동물들이 파티에 차릴 음식이에요. 그림과 이름을 올바르게 연결하세요.

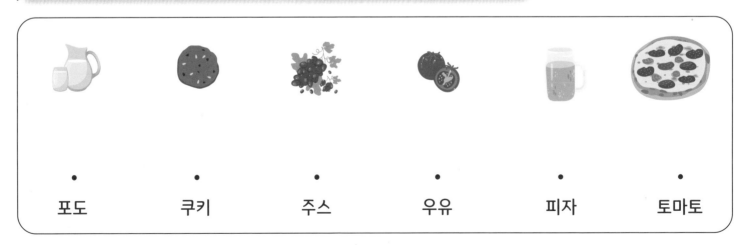

포도   쿠키   주스   우유   피자   토마토

또박또박 써요

 천천히 읽으면서 따라 써 보세요.

1. 토도도 비가 오려나?

2. 후두두 소나기야!

3. 어서어서 피하자.

4. 아이고, 어디로 가야 하지?

5. 거미가 오르고 또 오르고,

   나비도 포르르 사라져요.

6. 여우가 나무로 가까이 더 가까이,

오리도 이리저리 바빠요.

7. 이구아나가 스르르 기어가고,

도토리가 또르르 구르며 이사 가요.

8. 어라? 그사이 소나기가 그쳐요.

9. 토끼가 쪼르르 나오고 나니

여기서 우리도, 저기서 우리도!

10. 모두 다시 모여 라라라 파티하자.

이 페이지는 다음 시간에 사용할 수 있도록 보관해 주세요.

뒷면의 '이야기 속 낱말' 5개를 41-42쪽에서 찾아 동그라미해 주세요.

바꿔 쓰기 전에

 새로 바꿀 낱말을 읽어 보고 빈칸에 두 번씩 쓰세요.

이야기 속 낱말		바꿔 쓸 낱말
나비	➡	여치
포르르	➡	찌르르
여우	➡	너구리
이사	➡	이파리
		모자
가요	➡	써요

비 오는 날

_____(이)가 바꿔 쓰는 이야기예요.

 뜯어낸 41-42쪽을 보면서 작가가 된 듯 멋지게 이야기를 쓰도록 격려해 주세요.
동그라미 표시된 낱말은 44쪽에서 새로 배운 낱말로 바꿔 써요.

짝지어진 낱말의 빈칸에는 똑같은 글자가 들어가요. 어떤 글자인지 쓰세요.

1.

	도

	티

2.

오	리

리	비

3.

꼬	

오	

4.

	리

	라

5.

	비

	무

6.

피	노

코	코

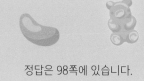

1부 넓히기

정답은 98쪽에 있습니다.

 주어진 낱말을 읽고 지시대로 바꿔 쓴 다음 읽어 보세요.

그쳐요	미끄러져요	오르고	스르르

• 그, 끄, 르, 스에서 ㄱ, ㄲ, ㄹ, ㅅ을 ㅋ으로 바꿔 쓰고 읽어 보세요.

⬇

◻

• 그, 끄, 르, 스에서 ㄱ, ㄲ, ㄹ, ㅅ을 ㅌ으로 바꿔 쓰고 읽어 보세요.

⬇

◻

 이야기에서 배운 글자와 위에서 바꿔 쓴 글자를 이용해 새로운 낱말을 써 보세요.

• 이것은 무엇인가요?

53

2부

받침 있는 글 읽고 쓰기

한 장 넘기면
이야기가 펼쳐져요

⌒ 이야기 3 ⌒
고양이가 야옹야옹

8일:

이야기를 듣고 따라 읽기 연습을 해요. ☐

이야기의 내용을 잘 이해했는지 알아보아요. ☐

9일:

이야기를 듣고 소리 내어 혼자 읽어요. ☐

천천히 읽으면서 한 문장씩 따라 써요. ☐

10일:

새로운 낱말을 배우고 써 보아요. ☐

새로 배운 낱말을 넣어 이야기를 바꿔 써요. ☐

고양이 '미미'가 길을 건너요.
노랗고 통통한 미미가 사뿐사뿐 걸어요.

앗! 그런데 차가 너무 빨리 달려요.

"미미야, 차가 오니까 어서 피해!"
길을 걷던 윤찬이가 알려 주어요.

깜짝 놀란 미미의 줄무늬 꼬리가
크게 부풀어요.

그때 신호등에 반짝 빨간불이 켜지고,
천천히 차가 멈추어요.

"휴…… 다행이야."
윤찬이가 빙그레 웃으며 말해요.

야옹야옹,
미미가 고맙다고 대답해요.

✏ 내용을 떠올리며 문제에 답해 보세요.

1. 다음 중 고양이 '미미'와 윤찬이가 만난 장소는 어디인가요?

①    ②    ③

2. 이야기에서 다음 낱말과 뜻이 반대인 낱말을 찾아 쓰세요.

① 작게 ←——→ (   )   ② 빨리 ←——→ (   )

✏ 이야기에 나오는 '노랗고', '빨간'처럼 색을 표현하는 말과 색을 올바르게 연결하세요.

파랗고	초록빛	분홍색	시커멓다	새하얀	보라색
•	•	•	•	•	•

천천히 읽으면서 따라 써 보세요.

1. 고양이 '미미'가 길을 건너요.

2. 노랗고 통통한 미미가 사뿐사뿐 걸어요.

3. 앗! 그런데 차가 너무 빨리 달려요.

4. "미미야, 차가 오니까 어서 피해!"

5. 길을 걷던 윤찬이가 알려 주어요.

6. 깜짝 놀란 미미의 줄무늬 꼬리가 크게 부풀어요.

7. 그때 신호등에 반짝 빨간불이 켜지고,

천천히 차가 멈추어요.

8. "휴⋯⋯ 다행이야."

9. 윤찬이가 빙그레 웃으며 말해요.

10. 야옹야옹, 미미가 고맙다고 대답해요.

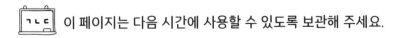 이 페이지는 다음 시간에 사용할 수 있도록 보관해 주세요.

어려운 글자를 연습해요.

 뒷면의 '이야기 속 낱말' 5개를 41-42쪽에서 찾아 동그라미해 주세요.

새로 바꿀 낱말을 읽어 보고 빈칸에 두 번씩 쓰세요.

이야기 속 낱말		바꿔 쓸 낱말
노랗고	➡	까맣고
피해	➡	건너
줄무늬	➡	동그란
꼬리가	➡	눈이
크게 부풀어요	➡	커져요
야옹야옹	➡	갸르릉 갸르릉

고양이가 야옹야옹

_____(이)가 바꿔 쓰는 이야기예요.

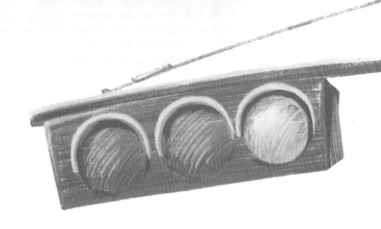

뜯어낸 63-64쪽을 보면서 작가가 된 듯 멋지게 이야기를 쓰도록 격려해 주세요.
동그라미 표시된 낱말은 66쪽에서 새로 배운 낱말로 바꿔 써요.

71

2부

받침 있는 글 읽고 쓰기

한 장 넘기면
이야기가 펼쳐져요

~ 이야기 4 ~

강아지가 멍멍멍

11일:

이야기를 듣고 따라 읽기 연습을 해요. ☐

이야기의 내용을 잘 이해했는지 알아보아요. ☐

12일:

이야기를 듣고 소리 내어 혼자 읽어요. ☐

천천히 읽으면서 한 문장씩 따라 써요. ☐

13일:

새로운 낱말을 배우고 써 보아요. ☐

새로 배운 낱말을 넣어 이야기를 바꿔 써요. ☐

강아지 '도도'가 산책하러 나가요.
새하얀 강아지 도도가 까불까불 앞장서서 걸어요.

유나랑 같이 동네 놀이터를 뱅뱅 돌며
멍멍 인사해요.

나무도 손을 뻗어 초록 잎 살랑살랑
흔들어 주어요.

도도는 주르륵 내려오는 미끄럼틀을 타요.

멍멍멍! 도도가 신나서 노래해요.
바람이 솔솔, 꽃송이도 하늘하늘 춤을 추어요.

집으로 가는 길에
용감한 참새랑 술래잡기하고 놀아요.

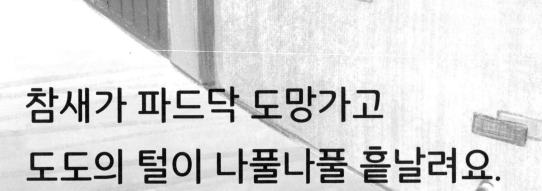

참새가 파드닥 도망가고
도도의 털이 나풀나풀 흩날려요.

구름 사이에서 해님이 방긋 미소 지어요.

11일 이야기를 읽고 나서

정답은 85쪽에 있습니다.

내용을 떠올리며 문제에 답해 보세요.

1. 강아지 '도도'가 산책할 때의 날씨와 시간은 다음 중 어떠했나요?

①    ②    ③

2. 다음 중 놀이터에서 '도도'가 탄 놀이 기구는 무엇인가요?

①    ②    ③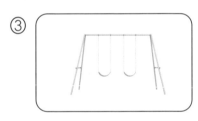

 '도도'가 한 일의 내용에 맞게, 괄호 안에서 알맞은 말을 골라 동그라미 하세요.

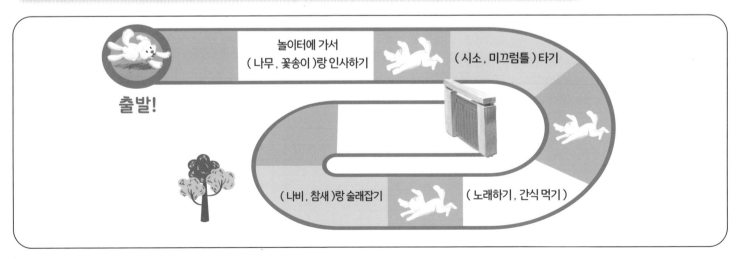

출발!

놀이터에 가서
(나무, 꽃송이)랑 인사하기

(시소, 미끄럼틀)타기

(나비, 참새)랑 술래잡기

(노래하기, 간식 먹기)

또박또박 써요

 천천히 읽으면서 따라 써 보세요.

1. 강아지 '도도'가 산책하러 나가요.

2. 새하얀 강아지 도도가 까불까불 앞장서서 걸어요.

3. 유나랑 같이 동네 놀이터를 뱅뱅 돌며

   멍멍 인사해요.

4. 나무도 손을 뻗어 초록 잎 살랑살랑

   흔들어 주어요.

5. 도도는 주르륵 내려오는 미끄럼틀을 타요.

6. 멍멍멍! 도도가 신나서 노래해요.

7. 바람이 솔솔, 꽃송이도 하늘하늘 춤을 추어요.

8. 집으로 가는 길에 용감한 참새랑

술래잡기하고 놀아요.

9. 참새가 파드닥 도망가고 도도의 털이

나풀나풀 흩날려요.

10. 구름 사이에서 해님이 방긋 미소 지어요.

 이 페이지는 다음 시간에 사용할 수 있도록 보관해 주세요.

✏️ 어려운 글자를 연습해요.

11일 문제 정답: 1. ③ 2. ② / 나무, 미끄럼틀, 노래하기, 참새

뒷면의 '이야기 속 낱말' 6개를 83-84쪽에서 찾아 동그라미해 주세요.

 새로 바꿀 낱말을 읽어 보고 빈칸에 두 번씩 쓰세요.

이야기 속 낱말		바꿔 쓸 낱말
새하얀	➡	토실토실한
까불까불	➡	졸랑졸랑
초록	➡	기다란
잎	➡	가지
신나서	➡	즐겁게
도망가고	➡	날아가고

강아지가 멍멍멍

_____(이)가 바꿔 쓰는 이야기예요.

뜯어낸 83-84쪽을 보면서 작가가 된 듯 멋지게 이야기를 쓰도록 격려해 주세요.
동그라미 표시된 낱말은 86쪽에서 새로 배운 낱말로 바꿔 써요.

91

2부 다지기

✏️ 짝지어진 낱말의 🐻에는 똑같은 받침이 들어가요. 올바른 받침에 동그라미 하세요.

1. ㄴ   ㅅ

방	굿🐻

웃🐻	으	며

2. ㄹ   ㅌ

까	붇🐻

빤🐻	간	붇🐻

3. ㅁ   ㅇ

참🐻	새

깜🐻	짝

4. ㅂ   ㄱ

대	답🐻

고	맘🐻	다

5. ㅅ   ㅇ

야	옹🐻

톰🐻	톰🐻	한

6. ㅁ   ㄴ

삼🐻	책

걷🐻	너	요

7. ㄷ   ㅊ

걷🐻	던

뻗🐻	어

8. ㄱ   ㅋ

초	롱🐻

주	르	륵🐻

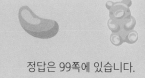

2부 넓히기

정답은 99쪽에 있습니다.

 주어진 낱말을 읽고 지시대로 바꿔 쓴 다음 읽어 보세요.

피아노 피해
• 피에 받침 ㄹ을 붙여 쓰고 읽어 보세요.
➥ ☐

새하얀 참새
• 새에 받침 ㄱ을 붙여 쓰고 읽어 보세요.
➥ ☐

강아지 놀아요
• 아에 받침 ㄴ을 붙여 쓰고 읽어 보세요.
➥ ☐

여우 여기
• 여에 받침 ㄴ을 붙여 쓰고 읽어 보세요.
➥ ☐

 이야기에서 배운 글자와 위에서 바꿔 쓴 글자를 이용해 새로운 낱말을 써 보세요.

• 어디에 무엇이 있나요?

☐☐　☐ 에 ☐☐☐

15일 마무리하기

 색깔을 잘 보면서 가로(→), 세로(↓)로 낱말을 읽어 보세요.

부	건	너	요	고	요	하	다	오	이
풀	포	르	르	구	르	며	뽀	리	사
어	도	토	리	마	셔	요	뽀	산	책
요	코	코	아	참	새	손	을	뻗	어
토	끼	통	신	호	등	바	다	꽃	집
꼬	리	통	동	파	드	닥	행	송	으
용	감	한	네	반	짝	다	시	이	로
도	망	강	아	지	야	옹	소	나	기

왼쪽 표에서 사진 속의 낱말을 찾아 동그라미하고, 사진 옆에 바르게 쓰세요.

보기

꽃	집

1

2

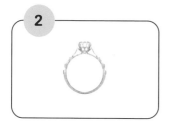

3

4

5

6

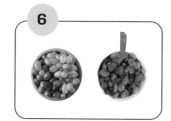

건		

7

7일차

정답

52쪽

1. | 파 | 도 | | 파 | 티 |

2. | 가 | 오 | 리 | | 가 | 리 | 비 |

3. | 꼬 | 리 | | 오 | 리 |

4. | 소 | 리 | | 소 | 라 |

5. | 나 | 비 | | 나 | 무 |

6. | 피 | 아 | 노 | | 코 | 코 | 아 |

53쪽

| 크 | 트 | | 크 | 리 | 스 | 마 | 스 | 트 | 리 |

94쪽

1. ㄴ (ㅅ) 방긋, 웃으며

2. (ㄹ) ㅌ 까불, 빨간불

3. (ㅁ) ㅇ 참새, 깜짝

4. (ㅂ) ㄱ 대답, 고맙다

5. ㅅ (ㅇ) 야옹, 통통한

6. ㅁ (ㄴ) 산책, 건너요

7. (ㄷ) ㅊ 걷던, 뻗어

8. (ㄱ) ㅋ 초록, 주르륵

95쪽

| 필 | 색 | 안 | 연 |

| 필 | 통 | 안 | 색 | 연 | 필 |

15일차 정답

96-97쪽

부	건	너	요	고	요	하	다	오	이
풀	포	르	르	구	르	며	뽀	리	사
어	도	토	리	마	셔	요	뽀	산	책
요	코	코	아	참	새	손	을	뻗	어
토	끼	통	신	호	등	바	다	꽃	집
꼬	리	통	동	파	드	닥	행	송	으
용	감	한	네	반	짝	다	시	이	로
도	망	강	아	지	야	옹	소	나	기

∾ 찾아보기 ∾

찾아보기

이야기로 쓱쓱 한글 익히기 1

초판 1쇄 발행 2023년 12월 11일

지은이 이슬 | **그린이** 마리브(이나영)
발행처 타임스쿨 | **발행인** 이길호 | **총괄** 이재용 | **편집인** 이현은
기획 및 책임편집 이호정 | **마케팅** 이태훈·황주희 | **디자인** 이미나
제작·물류 | 최현철·김진식·김진현·이난영·심재희

타임스쿨은 (주)타임교육C&P의 단행본 출판 브랜드로 상표 출원을 완료하였습니다.
출판등록 2020년 7월 14일 제 2020-000187호
주소 서울시 강남구 봉은사로 442 75th Avenue 빌딩 7층
전화 02-590-6997 | **팩스** 02-395-0251 | **전자우편** timebooks@t-ime.com

ISBN 979-11-92769-65-3
         979-11-92769-64-6(세트)

┌─ 어린이제품 안전특별법에 의한 기타표시사항 ─
│ **제품명** 도서 | **제조자명** 타임교육C&P | **제조국명** 대한민국 | **제조년월** 2023년 12월 | **사용연령** 5세 이상
└─